Investindo sem gravata

*Como jovens milionários aceleram
seu caminho para a riqueza*

Você já imaginou um mundo onde o sucesso nos investimentos não está ligado ao uso de uma simples gravata? O livro "Investindo sem Gravata" mergulha nessa nova realidade, desafiando os paradigmas estabelecidos e revelando estratégias poderosas para alcançar a liberdade financeira de uma forma autêntica e inovadora.

Nas páginas deste livro, você encontrará insights inspiradores sobre o novo perfil do investidor moderno. Aquele que se libertou das amarras físicas e mentais, e compreendeu que o verdadeiro potencial de sucesso reside na busca constante por conhecimento, na adaptabilidade às mudanças do mercado e na coragem de seguir seus próprios instintos.

Em um mundo em constante transformação, é natural que os paradigmas também sejam desafiados e redefinidos. No universo dos investimentos, um novo conceito tem emergido com força e determinação: o investidor sem gravata. Essa figura audaciosa e inovadora quebra as barreiras estabelecidas, desafiando os padrões tradicionais e provando que o sucesso nos investimentos não depende da formalidade da vestimenta, mas sim de uma mentalidade aberta, de conhecimento estratégico e de coragem para explorar novas oportunidades. Mergulharemos nesse novo paradigma inspirador e exploraremos como a liberdade financeira pode ser alcançada além das amarras da gravata.

A Gravata: Um Símbolo do Passado:

Por décadas, a gravata tem sido um símbolo de status e formalidade nos ambientes corporativos e financeiros. Porém, essa peça de vestuário não possui nenhum poder intrínseco de alavancar o sucesso nos investimentos. A nova geração de investidores questiona essa tradição, percebendo que o verdadeiro poder reside na mente, nas habilidades analíticas e no conhecimento profundo do mercado financeiro. A gravata é apenas uma ilusão de importância, uma cortina de fumaça que obscurece o verdadeiro potencial de um investidor.

A Liberdade de Ser Autêntico:

O investidor sem gravata abraça a autenticidade e a liberdade de expressão. Ele não se submete a normas sociais ou expectativas impostas pelos outros. Sua verdadeira essência está na coragem de ser quem é, sem máscaras ou artifícios. Essa autenticidade reflete-se em sua abordagem de investimento, pois ele não segue cegamente as tendências da multidão. Em vez disso, ele confia em sua intuição, pesquisa minuciosamente e toma decisões embasadas em seu próprio conhecimento e análise.

A Inovação no Mundo dos Investimentos:

O investidor sem gravata é um agente de mudança e inovação. Ele está constantemente em busca de novas oportunidades e se adapta rapidamente às transformações do mercado. Enquanto os investidores tradicionais podem se apegar às estratégias ultrapassadas, o jovem investidor sem gravata aproveita as novas tecnologias, ferramentas de análise avançadas e plataformas de investimento online para otimizar sua performance. Ele compreende que a inovação é a chave para estar à frente dos concorrentes e aproveitar as oportunidades emergentes.

A Mentalidade Empreendedora:

O investidor sem gravata possui uma mentalidade empreendedora que transcende os limites tradicionais dos investimentos. Ele enxerga além dos números e gráficos, identificando oportunidades de negócios, investimentos em startups promissoras e setores emergentes. Sua abordagem é proativa e visionária, buscando criar valor a longo prazo. Ele entende que os investimentos não são apenas transações financeiras, mas também a construção de um legado duradouro.

A Responsabilidade Social e Ambiental:

Além de buscar retornos financeiros, o investidor sem gravata também se preocupa com o impacto social e ambiental de seus investimentos. Ele prioriza empresas e projetos que adotam práticas sustentáveis, valorizam a diversidade, promovem a igualdade de oportunidades e contribuem positivamente para a sociedade. Sua visão vai além do lucro individual, buscando um impacto positivo no mundo.

O investidor sem gravata é um símbolo de coragem, inovação e liberdade financeira. Ele nos ensina que o sucesso nos investimentos não está atrelado a uma peça de vestuário, mas sim à mentalidade empreendedora, ao conhecimento estratégico e à capacidade de se adaptar às mudanças. Ao abraçar a autenticidade, a inovação e a responsabilidade social, esse novo investidor nos inspira a desafiar os paradigmas estabelecidos e a buscar a liberdade financeira além das amarras da gravata. Então, liberte-se, aventure-se e seja um investidor sem gravata, trilhando seu próprio caminho rumo ao sucesso financeiro e realização pessoal.

Se você está lendo estas palavras, é porque está pronto para dar um passo importante rumo à liberdade financeira.

O mundo dos investimentos pode parecer intimidador no início, mas deixe-me dizer que você está no caminho certo. Com as informações corretas e a mentalidade adequada, você será capaz de transformar seus sonhos em realidade.

A liberdade financeira é mais do que apenas ter dinheiro. É sobre ter o controle da sua vida, ser capaz de tomar decisões sem se preocupar com a falta de recursos. É a oportunidade de seguir sua paixão, construir seu próprio negócio ou simplesmente aproveitar a vida ao máximo.

Mas como você pode alcançar essa liberdade financeira? A resposta é simples: investindo seu dinheiro de forma inteligente e estratégica. E é exatamente isso que este livro irá te ensinar.

Você aprenderá os conceitos básicos dos investimentos, como a importância de definir metas financeiras claras e como criar um plano de investimento que se adapte ao seu perfil. Você descobrirá as diferentes opções de investimento disponíveis, desde ações até fundos imobiliários e criptomoedas.

Além disso, este livro abordará a importância da educação financeira contínua. Você aprenderá a analisar empresas e a identificar oportunidades no mercado. Você se tornará um especialista em tomar decisões financeiras bem fundamentadas.

Lembre-se de que a jornada para a liberdade financeira não será fácil. Requer dedicação, paciência e disciplina. Você terá que assumir riscos calculados e estar preparado para enfrentar obstáculos ao longo do caminho.

Comece com um simples passo

"A jornada de mil quilômetros precisa começar com um simples passo."

Essa frase inspiradora de Lao Tzu captura perfeitamente a essência de como começar a investir no mercado financeiro.

Muitas pessoas têm a ideia equivocada de que investir é reservado apenas para os ricos ou para aqueles que têm um vasto conhecimento sobre finanças. No entanto, essa mentalidade limitante é apenas uma forma de evitar dar o primeiro passo. A verdade é que qualquer pessoa, independentemente do seu capital inicial ou do seu conhecimento prévio, pode começar a investir.

Todos os grandes investidores que você admira, que conquistaram sua independência financeira, tiveram que começar de algum lugar. Eles deram o primeiro passo, assim como você pode fazer agora mesmo.

Não importa se você tem apenas R$200 ou R$200.000, o importante é começar. O valor do investimento inicial é menos relevante do que a mentalidade de começar a investir.

O mercado financeiro oferece uma ampla gama de opções de investimento, desde ações e títulos até fundos imobiliários e criptomoedas. Há algo para cada tipo de investidor, independentemente de suas preferências e objetivos financeiros.

O mais importante é superar o medo e a insegurança, compreendendo que o primeiro passo é fundamental para dar início à sua jornada rumo à construção de um patrimônio sólido. O conhecimento e a experiência virão com o tempo e a prática.

Começar a investir não significa que você se tornará um especialista do dia para a noite. O importante é ter a disposição de aprender, pesquisar e continuar evoluindo. Você pode aproveitar recursos educacionais disponíveis, consultar especialistas, participar de cursos ou grupos de estudo sobre investimentos.

Lembre-se de que cada pequeno passo que você der no mundo dos investimentos o aproximará do seu objetivo final. A construção de riqueza é uma jornada, não uma corrida de curta distância. Tenha paciência, disciplina e mantenha-se focado nos resultados a longo prazo.

Pensamentos de primeiro e segundo nível

Quando se trata de investir em empresas, é importante entender os conceitos de pensamentos de primeiro nível e segundo nível. Essas abordagens ajudam a avaliar e tomar decisões informadas sobre quais empresas investir.

O pensamento de primeiro nível está relacionado aos aspectos básicos e superficiais de uma empresa. Envolve analisar informações disponíveis publicamente, como o desempenho financeiro, o histórico de lucros, a reputação da empresa e seu posicionamento no mercado. Esse tipo de análise é fundamental para ter uma compreensão inicial da saúde financeira e do potencial de crescimento de uma empresa.

Já o pensamento de segundo nível vai além das informações básicas. Ele envolve uma análise mais aprofundada e uma compreensão mais ampla do negócio. Isso inclui examinar fatores como a qualidade da equipe de gestão, a inovação e a capacidade da empresa de se adaptar às mudanças do mercado. Além disso, o pensamento de segundo nível também considera a sustentabilidade do modelo de negócio, o posicionamento estratégico da empresa em relação aos concorrentes e sua capacidade de criar valor a longo prazo.

Ao combinar o pensamento de primeiro e segundo nível, você poderá tomar decisões mais embasadas e identificar empresas com maior potencial de crescimento e retorno financeiro. A análise de primeiro nível ajuda a reduzir o risco ao identificar empresas com um histórico consistente de desempenho financeiro. Já a análise de segundo nível permite identificar empresas que têm vantagens competitivas sustentáveis, inovação e uma gestão sólida.

É importante ressaltar que a análise de empresas é um processo contínuo e dinâmico. As condições do mercado e os fundamentos das empresas podem mudar ao longo do tempo.

Portanto, é essencial acompanhar e atualizar regularmente suas análises e tomar decisões de investimento com base nas informações mais recentes disponíveis.

Lembre-se de que a combinação do pensamento de primeiro e segundo nível permite que você tenha uma visão mais completa e fundamentada ao investir em empresas. Isso ajuda a minimizar riscos e aumentar as chances de obter retornos financeiros satisfatórios ao longo do tempo.

O mundo dos investimentos

Você já parou para pensar no poder que o dinheiro pode ter? Ele pode abrir portas, proporcionar liberdade financeira e realizar sonhos. E uma das maneiras mais eficazes de fazer o seu dinheiro trabalhar para você é através dos investimentos.

A introdução ao mundo dos investimentos é como abrir uma porta para um universo de oportunidades. É como descobrir uma nova forma de multiplicar seus recursos e alcançar a independência financeira.

No entanto, muitas pessoas ficam intimidadas com a ideia de investir. Acham que é algo complicado, restrito apenas a especialistas do mercado financeiro. Mas eu estou aqui para te dizer que isso não é verdade.

Investir pode ser simples e acessível para todos. Você não precisa ser um gênio das finanças para começar. Tudo o que você precisa é de conhecimento e vontade de aprender.

Ao se aventurar no mundo dos investimentos, você estará colocando seu dinheiro para trabalhar a seu favor. E isso é incrível, porque significa que você está construindo um futuro financeiramente sólido para si mesmo.

Imagine a sensação de ver seu dinheiro crescer, de alcançar metas financeiras e de ter mais segurança para enfrentar os desafios da vida. Com os investimentos, você pode realizar seus sonhos e viver a vida que sempre desejou.

Mas lembre-se: investir requer disciplina e paciência. Não se trata de ficar rico da noite para o dia, mas sim de um caminho a ser percorrido com estratégia e cautela.

Auto educação

A educação formal é fundamental para adquirir habilidades e conhecimentos necessários para o mercado de trabalho. Ela abre portas, oferece oportunidades e pode garantir uma vida financeiramente estável. No entanto, se você deseja alcançar um nível extraordinário de sucesso financeiro, é necessário ir além.

A autoeducação é o segredo para atingir uma fortuna. É o ato de buscar conhecimento além dos limites da sala de aula, de se aprofundar em áreas específicas de interesse e de se manter constantemente atualizado sobre as tendências do mercado financeiro.

Para se destacar no mundo dos investimentos, é fundamental estudar constantemente. Consuma bons conteúdos, como livros, artigos, podcasts e cursos online, que abordem temas relevantes para o mercado financeiro. Aprenda com especialistas, acompanhe notícias econômicas e esteja sempre disposto a explorar novas estratégias e abordagens.

No entanto, não basta apenas acumular conhecimento teórico. A autoeducação também envolve colocar em prática o que você aprendeu. Analise as oportunidades de investimento, tome decisões embasadas e esteja disposto a correr riscos calculados. Aplique o conhecimento adquirido para construir uma carteira de investimentos sólida e rentável.

A autoeducação não tem limites. Não importa sua idade, experiência ou ponto de partida. Você pode começar hoje mesmo a buscar conhecimento, desenvolver habilidades e se tornar um investidor de sucesso.

Então, pare de se contentar com a educação formal que lhe permite ganhar a vida. Busque a autoeducação que o capacitará a alcançar uma fortuna. Invista em si mesmo, no seu conhecimento e no seu desenvolvimento pessoal. O retorno financeiro e a realização de seus sonhos estão esperando por você.

Lembre-se das palavras de Jim Rohn e transforme-as em ação. Abrace a jornada da autoeducação, esteja aberto para aprender, seja persistente e nunca pare de se desenvolver. Você está no controle do seu futuro financeiro e pode alcançar uma vida extraordinária.

Então, comece agora mesmo a investir na sua educação. A grande fortuna que você deseja está a apenas um passo além da sua zona de conforto.

Mentalidade de investidor desde jovem

Desenvolver uma mentalidade de investidor desde jovem é um dos passos mais importantes que você pode dar em direção a um futuro financeiro próspero.

É como plantar uma semente que crescerá e dará frutos ao longo da sua vida. Vamos explorar a importância dessa mentalidade e como ela pode impactar positivamente a sua jornada financeira.

Investir desde jovem oferece uma série de benefícios valiosos. Em primeiro lugar, permite que você aprenda sobre o poder do dinheiro e como fazê-lo trabalhar para você. Ao compreender os conceitos básicos de investimento, você terá a capacidade de tomar decisões informadas e estratégicas para aumentar o seu patrimônio ao longo do tempo.

Além disso, desenvolver uma mentalidade de investidor desde cedo proporciona uma valiosa educação financeira. Você aprenderá sobre os diferentes tipos de investimentos disponíveis, como ações, títulos, fundos mútuos e imóveis, entre outros. Isso lhe dará uma compreensão abrangente dos mercados financeiros e o ajudará a tomar decisões fundamentadas sobre onde alocar seu dinheiro.

Uma mentalidade de investidor desde jovem também ensina importantes lições sobre paciência, disciplina e perseverança. Investir não é um caminho rápido para a riqueza instantânea, mas sim uma jornada de longo prazo. Ao começar cedo, você aprenderá a estabelecer metas realistas, criar um plano de investimento sólido e permanecer comprometido mesmo diante de obstáculos.

Outro aspecto crucial é o poder do tempo e do efeito dos juros compostos. Ao iniciar seus investimentos desde jovem, você terá a vantagem de permitir que seu dinheiro cresça ao longo de muitos anos. Mesmo pequenos investimentos iniciais podem se transformar em somas significativas com o tempo, graças ao poder dos juros compostos.

Desenvolver uma mentalidade de investidor desde cedo também abre portas para uma maior independência financeira e liberdade. Ao construir um portfólio diversificado e inteligente, você estará criando uma base sólida para atingir seus objetivos financeiros, como a compra de uma casa, a criação de um negócio ou a realização de sonhos pessoais. Essa independência financeira permitirá que você tenha mais controle sobre sua vida e tome decisões com base em seus valores e aspirações.

Portanto, não subestime o poder de desenvolver uma mentalidade de investidor desde jovem. Comece hoje mesmo, mesmo que seja com pequenos passos. Aprenda sobre o mundo dos investimentos, busque conhecimento, converse com pessoas experientes e, acima de tudo, comece a agir.

Cada escolha financeira que você fizer agora terá um impacto significativo no seu futuro.

Lembre-se de que a jornada de investimento é uma maratona, não uma corrida de curta distância. Mantenha-se comprometido, aprenda com os erros, ajuste sua estratégia quando necessário e, acima de tudo, nunca pare de aprender.

A mentalidade de investidor é uma poderosa ferramenta que o acompanhará ao longo da sua vida, capacitando-o a alcançar a liberdade financeira e realizar seus sonhos. Portanto, comece hoje mesmo a desenvolver essa mentalidade e trilhe um caminho rumo a um futuro financeiro próspero e abundante.

Técnica NOP (Notar, Ouvir, Praticar)

Desenvolvendo uma Mentalidade de Investidor desde Jovem:

Notar:

Autoconsciência Financeira: Comece por desenvolver uma consciência clara da importância das finanças e dos investimentos em sua vida. Reconheça que a mentalidade de investidor desde jovem pode trazer benefícios duradouros para seu futuro financeiro.

Oportunidades ao Redor: Esteja atento às oportunidades de aprendizado e crescimento financeiro ao seu redor. Observe as histórias de sucesso de investidores e empreendedores jovens. Perceba que você também pode trilhar esse caminho e alcançar a liberdade financeira.

Ouvir:

Buscar Mentores: Procure mentores ou pessoas experientes no campo dos investimentos. Ouça seus conselhos e aprenda com suas experiências. Esteja disposto a absorver conhecimento e insights valiosos que possam ajudá-lo a desenvolver uma mentalidade de investidor jovem.

Aprender com os Especialistas: Consuma conteúdos educativos sobre investimentos e finanças. Acompanhe livros, blogs, podcasts e vídeos de especialistas renomados nesse campo. Esteja aberto a diferentes perspectivas e estratégias de investimento.

Praticar:

Começar com Pequenos Investimentos: Dê o primeiro passo investindo mesmo com quantias modestas. Abra uma conta em uma corretora, escolha um investimento adequado ao seu perfil e comece a colocar em prática o conhecimento adquirido.

A prática constante permitirá que você ganhe experiência e confiança ao longo do tempo.

Reavaliar e Ajustar: Esteja disposto a reavaliar e ajustar suas estratégias de investimento à medida que adquire mais conhecimento e experiência. Observe o desempenho de seus investimentos, aprenda com seus erros e faça ajustes conforme necessário. Isso o ajudará a melhorar continuamente sua mentalidade de investidor jovem.

Lembre-se de que o desenvolvimento de uma mentalidade de investidor jovem é um processo contínuo. Ao notar as oportunidades, ouvir conselhos valiosos e praticar os conceitos aprendidos, você estará no caminho certo para cultivar uma mentalidade de investidor sólida e alcançar a independência financeira desde cedo. Mantenha-se comprometido, persista em sua jornada e lembre-se de que cada passo dado em direção a uma mentalidade de investidor é um investimento em si mesmo e em seu futuro financeiro.

Risco

O conceito expresso por Warren Buffett, um dos investidores mais renomados do mundo, é direto e impactante: "Risco vem de você não saber o que está fazendo." Essa frase é uma importante lição para jovens investidores, destacando a importância do conhecimento e da educação financeira na tomada de decisões de investimento.

Em termos simples, o risco refere-se à possibilidade de perder dinheiro ou não obter os resultados esperados em um investimento. Warren Buffett ressalta que esse risco está diretamente relacionado à falta de conhecimento e compreensão do investimento em questão. Se você não sabe o que está fazendo, se não possui informações suficientes sobre o mercado, as empresas ou os ativos nos quais está investindo, as chances de tomar decisões equivocadas e enfrentar perdas financeiras aumentam significativamente.

Para os jovens investidores, essa frase é um lembrete poderoso de que investir não é apenas uma questão de sorte ou intuição, mas requer uma abordagem fundamentada e informada. É essencial buscar conhecimento e compreensão sobre os investimentos que deseja realizar. Isso inclui entender como funcionam os mercados financeiros, aprender sobre diferentes tipos de ativos, analisar os fundamentos das empresas e conhecer os princípios básicos de avaliação de investimentos.

Ao adquirir conhecimento e educar-se financeiramente, você estará aumentando suas chances de tomar decisões de investimento conscientes e minimizar os riscos envolvidos. Warren Buffett, com sua vasta experiência e sucesso nos investimentos, enfatiza a importância de saber o que está fazendo para evitar riscos desnecessários e maximizar as oportunidades de retorno.

Portanto, para os jovens investidores, a mensagem central é clara: invista tempo e esforço na sua educação financeira. Aprenda o máximo que puder sobre os investimentos que lhe interessam. Esteja preparado para realizar análises criteriosas e tomar decisões embasadas em fatos e informações sólidas.

Ao fazer isso, você estará reduzindo os riscos associados aos investimentos e construindo uma base sólida para alcançar seus objetivos financeiros a longo prazo. Lembre-se de que o conhecimento é uma ferramenta poderosa que permitirá que você navegue com confiança no mundo dos investimentos e busque o sucesso financeiro.

O imediatismo acaba com qualquer um

No mundo acelerado em que vivemos, é comum que os jovens sejam mais imediatistas em suas expectativas e desejos. A busca por resultados rápidos e gratificação instantânea é uma característica natural dessa fase da vida. No entanto, quando se trata de investimentos, é essencial aprender a estimular a paciência e entender que o jogo é logo.

Investir com sucesso requer a compreensão de que os retornos significativos geralmente vêm ao longo do tempo, e não de forma instantânea. É necessário ter a paciência de esperar pelo crescimento dos investimentos, permitindo que o poder dos juros compostos e o tempo trabalhem a seu favor.

Os jovens têm uma vantagem única quando se trata de investir: o tempo. O tempo é um dos maiores aliados de um investidor, pois permite que os investimentos cresçam e se valorizem ao longo dos anos. Ao iniciar os investimentos desde cedo, os jovens têm a oportunidade de colher os benefícios do crescimento a longo prazo e construir uma base sólida para o futuro.

É fundamental entender que o jogo dos investimentos é logo, mas isso não significa que você precise agir impulsivamente ou buscar resultados imediatos. Pelo contrário, é necessário desenvolver uma mentalidade de longo prazo e resistir à tentação de buscar ganhos rápidos e especulativos.

Ao cultivar a paciência nos investimentos, você estará adotando uma abordagem estratégica e disciplinada. Isso envolve tomar decisões embasadas em análises sólidas, diversificar os investimentos e manter-se comprometido com seus objetivos financeiros a longo prazo. A paciência permite que você passe por períodos de volatilidade sem se deixar abalar, entendendo que faz parte do jogo e que, no longo prazo, os resultados tendem a ser positivos.

Diversificação

Em essência, diversificar significa não colocar todos os seus ovos na mesma cesta. Em vez disso, é espalhar seus investimentos por diferentes classes de ativos, como ações, títulos, imóveis e outros, bem como por setores econômicos diversos. Ao fazer isso, você está distribuindo os riscos de forma mais equilibrada, evitando depender excessivamente de um único investimento ou setor específico.

Imagine a seguinte situação: você decide investir todas as suas economias em uma única empresa. Embora a empresa possa estar indo bem atualmente, existem diversos fatores externos que podem afetar seu desempenho, como mudanças no mercado, competição acirrada ou mesmo problemas internos na empresa. Se algo negativo acontecer, você estará sujeito a grandes perdas financeiras.

Por outro lado, se você diversificar seus investimentos, estará construindo uma carteira que se beneficia de diferentes oportunidades e enfrenta riscos de forma mais equilibrada. Se uma classe de ativos não estiver indo tão bem, outra pode estar performando melhor, ajudando a compensar eventuais perdas.

A diversificação não apenas reduz o risco, mas também aumenta suas chances de obter retornos consistentes. Ao investir em diferentes ativos e setores, você está aproveitando as oportunidades de crescimento em várias áreas da economia. Enquanto alguns investimentos podem passar por momentos de baixa, outros podem estar em ascensão, garantindo uma maior estabilidade e equilíbrio em sua carteira.

Lembre-se de que a diversificação não significa apenas espalhar seus investimentos aleatoriamente, mas sim realizar uma análise criteriosa e tomar decisões informadas. Procure entender os diferentes ativos, setores e suas interações com o mercado. Busque orientação de profissionais qualificados ou estude por conta própria para tomar decisões embasadas.

Como jovem investidor, você tem a vantagem de ter tempo ao seu lado. Aproveite essa oportunidade para construir uma carteira diversificada e adaptá-la ao longo do tempo, de acordo com suas metas e mudanças no cenário econômico. Lembre-se de que a diversificação é uma estratégia de longo prazo, e os resultados positivos virão com o tempo.

Como ler os gráficos se você é novo no mercado

Se você é novo no mercado financeiro e está começando a se familiarizar com a leitura de gráficos, é importante compreender alguns conceitos básicos para interpretar corretamente as informações apresentadas. Aqui estão algumas dicas para ajudá-lo nesse processo:

Escolha o tipo de gráfico adequado: Existem diferentes tipos de gráficos, como gráficos de linha, gráficos de barras e gráficos de candlestick. Cada um deles fornece informações de maneira diferente. Comece com um gráfico de linha simples, que mostra a variação do preço ao longo do tempo.

Identifique os eixos: Os gráficos possuem eixos horizontal e vertical. O eixo horizontal representa o tempo, com as datas ou períodos indicados. O eixo vertical mostra o preço ou a variação percentual. Familiarize-se com a escala usada no eixo vertical para entender a magnitude das mudanças de preço.

Analise as tendências: Observe se o gráfico mostra uma tendência ascendente (alta), descendente (baixa) ou lateral (sem tendência clara). Identificar as tendências é importante para tomar decisões de compra ou venda.

Use indicadores técnicos: Os indicadores técnicos, como médias móveis, MACD e RSI, ajudam a identificar padrões e tendências ocultas nos gráficos. Eles podem fornecer informações adicionais sobre momentos oportunos para entrar ou sair de uma posição.

Observe os padrões de preços: Alguns padrões de preços comuns, como suportes, resistências e linhas de tendência, podem fornecer pistas sobre os próximos movimentos do mercado. Aprenda a identificar esses padrões e a utilizá-los em suas análises.

Utilize prazos diferentes: Analise o mesmo ativo em diferentes intervalos de tempo, como gráficos diários, semanais e mensais. Isso ajudará a obter uma visão mais ampla e identificar tendências de longo prazo.

Faça anotações e registre suas observações: Mantenha um diário de investimentos para registrar suas análises, decisões e resultados. Isso o ajudará a aprender com suas experiências e aprimorar sua capacidade de análise.

Lembre-se de que a leitura de gráficos é uma habilidade que requer prática e experiência. À medida que você se familiariza com os diferentes elementos e padrões dos gráficos, sua capacidade de interpretá-los será aprimorada. Além disso, não se esqueça de combinar a análise técnica com a análise fundamental, considerando também os fundamentos das empresas e os eventos econômicos relevantes.

Horizonte de investimento

O horizonte de investimento é o período de tempo durante o qual você planeja manter seus investimentos. É importante definir seu horizonte de investimento para orientar suas escolhas de ativos e estratégias.

Se você tem um horizonte de investimento curto, significa que você planeja resgatar seus investimentos em um período de alguns meses a poucos anos. Nesse caso, é importante considerar ativos mais líquidos e de menor risco, que possam ser convertidos em dinheiro rapidamente, caso necessário. Alguns exemplos são os investimentos em renda fixa de curto prazo, como títulos do Tesouro Direto com vencimentos mais curtos, ou fundos de investimento de curto prazo.

Já o horizonte de investimento de longo prazo envolve a intenção de manter seus investimentos por vários anos, possivelmente décadas. Com um horizonte mais longo, você pode assumir um pouco mais de risco em busca de retornos mais altos. Nesse caso, pode ser interessante considerar investimentos em ações de empresas com bom histórico de desempenho e potencial de crescimento a longo prazo, ou até mesmo investimentos em imóveis.

É importante lembrar que o horizonte de investimento não é uma regra fixa, e pode ser ajustado ao longo do tempo de acordo com suas necessidades e objetivos. Por exemplo, se você planeja comprar uma casa daqui a cinco anos, pode ser necessário ajustar seu horizonte de investimento para esse período específico.

Ao definir seu horizonte de investimento, leve em consideração seus objetivos financeiros e suas necessidades futuras.

Considere fatores como prazos de resgate, riscos envolvidos e potencial de retorno dos diferentes ativos disponíveis.

Lembre-se de que o tempo é um aliado poderoso nos investimentos, permitindo que você se beneficie do crescimento e da valorização dos seus investimentos ao longo dos anos.

Portanto, ao planejar seus investimentos, leve em consideração o seu horizonte de investimento. Seja ele curto, médio ou longo prazo, essa definição ajudará a direcionar suas escolhas e estratégias, garantindo que seus investimentos estejam alinhados com seus objetivos financeiros e suas necessidades futuras.

Gerenciando os riscos

Ao iniciar sua jornada no mundo dos investimentos, é essencial compreender a importância do gerenciamento de riscos.

Embora a ideia de assumir riscos possa parecer emocionante, é fundamental ter em mente que tomar decisões financeiras conscientes e proteger seu patrimônio são aspectos igualmente relevantes.

O gerenciamento de riscos refere-se a identificar, avaliar e controlar os riscos associados aos seus investimentos. Todo investimento possui algum nível de risco, e é fundamental entender os diferentes tipos de riscos envolvidos e implementar estratégias para mitigá-los.

Um dos primeiros passos no gerenciamento de riscos é a diversificação da sua carteira de investimentos. Ao distribuir seus recursos entre diferentes ativos, setores e regiões, você reduz a exposição a um único investimento. Dessa forma, mesmo que um investimento não apresente os resultados esperados, outros podem compensar as perdas e manter sua carteira equilibrada.

Além disso, é importante realizar uma análise cuidadosa antes de tomar qualquer decisão de investimento. Conhecer as características dos ativos em que você está investindo, como seu histórico de desempenho, perspectivas futuras, volatilidade e liquidez, ajudará a tomar decisões mais informadas e reduzir o risco de perdas significativas.

Outra estratégia eficaz de gerenciamento de riscos é definir um limite para o valor que você está disposto a perder em seus investimentos. Isso é conhecido como "stop loss", que é um ponto pré-determinado em que você decide vender um ativo se ele cair abaixo desse valor. Essa técnica ajuda a limitar suas perdas e proteger seu patrimônio.

É fundamental manter-se atualizado sobre as mudanças no mercado e na economia. Acompanhe as notícias financeiras, estude os movimentos do mercado e busque orientação de profissionais qualificados. Isso o ajudará a identificar e avaliar os riscos emergentes, permitindo que você tome decisões de investimento mais embasadas e conscientes.

O gerenciamento de riscos não significa evitar completamente o risco, mas sim controlá-lo e torná-lo mais gerenciável. Investir envolve incertezas, mas com um bom gerenciamento de riscos, você poderá tomar decisões mais equilibradas e minimizar as possíveis perdas.

Portanto, essa é uma parte essencial da jornada de investimento. Ao entender os riscos envolvidos, diversificar sua carteira, realizar análises cuidadosas e tomar decisões informadas, você estará protegendo seu patrimônio e aumentando suas chances de obter resultados positivos.

Lembre-se de que investir é uma maratona, não uma corrida, e o gerenciamento de riscos é a chave para uma jornada financeira mais segura e próspera.

Todos precisamos de mentores

Ao embarcar em uma jornada no mundo dos investimentos, é fundamental reconhecer a importância de encontrar mentores. Esses guias experientes desempenham um papel fundamental em sua trajetória financeira, fornecendo conhecimentos valiosos e orientações práticas.

Os mentores são indivíduos que já percorreram o caminho que você deseja trilhar. Eles têm experiência e sabedoria acumuladas ao longo dos anos de atuação no mercado financeiro. Ao buscar mentores, você tem a oportunidade única de aprender com suas experiências e conselhos valiosos.

Uma das principais vantagens de ter um mentor é poder aprender com os erros e acertos dele. Eles podem compartilhar suas experiências, revelar armadilhas a serem evitadas e fornecer insights sobre estratégias de investimento eficazes. Ao aproveitar o conhecimento do mentor, você ganha uma vantagem significativa na tomada de decisões financeiras.

Além disso, um mentor pode oferecer suporte emocional e encorajamento ao longo de sua jornada. Investir pode ser desafiador, e contar com o apoio e motivação de alguém experiente pode ser extremamente valioso.

Outro benefício de ter um mentor é a oportunidade de expandir sua rede de contatos. Seu mentor provavelmente possui uma ampla rede de relacionamentos no mundo dos investimentos. Essas conexões podem abrir portas, fornecer oportunidades de aprendizado e até mesmo levar a parcerias lucrativas. Aproveite essa oportunidade para construir relacionamentos valiosos e aprender com profissionais influentes.

Encontrar um mentor não significa depender exclusivamente dele. Você continua sendo o responsável por suas próprias decisões e investimentos. O mentor está lá para oferecer orientação e suporte, mas cabe a você tomar as decisões finais.

Como investidor em busca de sucesso, você tem a vantagem de poder encontrar mentores dispostos a compartilhar seus conhecimentos. Muitos profissionais experientes estão dispostos a ajudar os mais jovens, inspirados pela energia e entusiasmo da juventude. Portanto, não hesite em procurar mentores em eventos, palestras ou por meio de plataformas online. Esteja aberto e preparado para aprender com aqueles que já trilharam o caminho que você deseja seguir.

Lembre-se de que buscar um mentor é um investimento valioso em si mesmo. Aprender com as experiências dos outros, receber orientação especializada e construir relacionamentos significativos são elementos essenciais para o seu crescimento e sucesso no mundo dos investimentos.

Portanto, seja proativo, persistente e aberto às oportunidades que surgem. Encontre um mentor que possa orientá-lo em sua jornada em busca do sucesso financeiro. Com a orientação certa, você estará no caminho para alcançar níveis mais altos de conhecimento, habilidades e prosperidade financeira.

Avance com determinação em sua busca por mentores, e escreva sua história de sucesso ao lado daqueles que irão guiá-lo em direção à liberdade financeira que você tanto almeja.

Dinheiro é paciência

Há uma frase famosa que diz: "O mercado tira dinheiro dos impacientes e dá para os pacientes". Essa afirmação resume perfeitamente a importância da paciência no mundo dos investimentos.

O mercado de ações é um ambiente dinâmico e imprevisível, onde os preços das ações podem flutuar de maneira rápida e significativa. Muitas vezes, os investidores impacientes são atraídos pela ideia de obter lucros rápidos e acabam tomando decisões precipitadas baseadas em emoções momentâneas. E é nesse momento que o mercado pode tirar dinheiro desses investidores.

Por outro lado, os investidores pacientes possuem uma mentalidade diferente. Eles entendem que investir em ações é uma jornada de longo prazo e que os retornos consistentes vêm com o tempo. Esses investidores têm a capacidade de resistir às oscilações diárias do mercado e não se deixam levar pelas tendências de curto prazo.

A paciência no mercado de ações está relacionada a estratégias de investimento sólidas e disciplina. Investidores pacientes sabem que é necessário fazer uma análise cuidadosa das empresas, entender seus fundamentos e perspectivas a longo prazo. Eles estão dispostos a esperar pelo momento certo para comprar ações de qualidade e têm a serenidade necessária para manter seus investimentos mesmo durante períodos de volatilidade.

Essa paciência é recompensada ao longo do tempo. Investidores pacientes têm mais chances de aproveitar os ciclos de alta do mercado, colhendo os frutos de seus investimentos de longo prazo. Eles confiam em suas estratégias e não se deixam abalar pelos altos e baixos diários.

Portanto, se você deseja obter sucesso no mercado de ações, é fundamental desenvolver uma mentalidade paciente.

Aprenda a controlar suas emoções, evite tomar decisões impulsivas baseadas em informações momentâneas e tenha confiança em sua estratégia de investimento a longo prazo.

Lembre-se de que investir em ações não é um esquema rápido para ficar rico. É uma jornada que requer tempo, conhecimento e paciência. Aqueles que são capazes de cultivar a paciência são os que têm maiores chances de obter retornos sólidos e duradouros.

Seja paciente, mantenha o foco em seus objetivos de longo prazo e deixe que o mercado recompense sua paciência ao longo do tempo. O mercado de ações pode tirar dinheiro dos impacientes, mas está pronto para recompensar generosamente aqueles que são pacientes e disciplinados em sua abordagem de investimento.

Como analisar as empresas para investir

A análise de empresas é uma etapa fundamental para investir com sabedoria e minimizar os riscos. Ao avaliar cuidadosamente as empresas, você será capaz de identificar aquelas que têm potencial de crescimento, rentabilidade e solidez financeira. Aqui estão alguns passos para analisar as empresas e tomar decisões de investimento informadas:

Avalie a saúde financeira: Verifique os principais indicadores financeiros, como receitas, lucros, fluxo de caixa e endividamento. Analise os relatórios financeiros da empresa para entender sua capacidade de gerar lucros consistentes ao longo do tempo.

Analise o setor e a concorrência: Entenda o contexto em que a empresa está inserida. Avalie a dinâmica do setor, a concorrência existente e as tendências de mercado. Isso ajudará você a identificar se a empresa está bem posicionada para aproveitar oportunidades e enfrentar desafios.

Estude o histórico de crescimento: Verifique o histórico da empresa em termos de crescimento de receita, lucros e valor de mercado. Isso fornecerá insights sobre sua capacidade de se expandir e gerar retornos no futuro.

Analise a gestão: Avalie a equipe de gestão da empresa, incluindo seus antecedentes, experiência e histórico. A liderança competente e alinhada com os interesses dos acionistas é um fator-chave para o sucesso a longo prazo.

Examine a estratégia de negócios: Compreenda a estratégia da empresa para se destacar no mercado. Avalie se a empresa possui uma vantagem competitiva sustentável e se está buscando oportunidades de crescimento de maneira eficiente.

Considere os fundamentos: Analise os fundamentos da empresa, como o valor intrínseco das suas ações, a relação preço/lucro e outros indicadores relevantes. Essas informações ajudarão você a determinar se as ações da empresa estão subvalorizadas ou sobrevalorizadas no mercado.

Avalie o potencial de dividendos: Se você está interessado em investimentos que pagam dividendos, verifique a política de distribuição de lucros da empresa. Avalie se a empresa possui um histórico consistente de pagamento de dividendos e se há perspectivas de crescimento desses pagamentos.

Lembre-se de que a análise de empresas é um processo contínuo. À medida que você adquire mais conhecimento e experiência, poderá aprimorar suas habilidades de análise e tomar decisões mais informadas. Além disso, considere diversificar seus investimentos, distribuindo seu capital em diferentes empresas e setores, para reduzir os riscos e aumentar as chances de obter retornos consistentes.

Mais constante, menos intenso

Quando se trata de investimentos, muitos acreditam que a intensidade é o fator chave para alcançar o sucesso financeiro. No entanto, é importante lembrar que a constância desempenha um papel muito mais significativo em sua jornada de investimento.

A constância é o ato de manter uma abordagem disciplinada e consistente ao longo do tempo. Isso significa realizar investimentos regulares, independentemente das flutuações do mercado ou das circunstâncias econômicas. Enquanto a intensidade está relacionada a agir com fervor e emoção, a constância envolve um compromisso contínuo e uma visão de longo prazo.

A constância é importante porque o mercado financeiro é volátil e imprevisível. Os preços das ações podem subir e cair diariamente, e é impossível prever com precisão o momento ideal para comprar ou vender. Aqueles que tentam acertar o mercado com movimentos intensos correm o risco de tomar decisões impulsivas e prejudiciais para seus investimentos.

Por outro lado, a constância permite que você aproveite o poder do crescimento composto ao longo do tempo. Investir regularmente, mesmo em pequenas quantidades, permite que você acumule patrimônio de forma consistente. A constância também reduz os efeitos das flutuações do mercado, pois você estará comprando ativos em diferentes momentos, aproveitando tanto os períodos de alta quanto de baixa.

Além disso, a constância é uma demonstração de disciplina e controle emocional. Manter uma estratégia de investimento constante e resistir às tentações de tomar decisões baseadas em emoções momentâneas são características essenciais de um investidor bem-sucedido. A constância ajuda a evitar erros comuns, como comprar no auge do mercado ou vender durante uma queda temporária.

Ao adotar a constância em seus investimentos, você desenvolve um hábito valioso de poupança e investimento, construindo seu patrimônio de forma sustentável ao longo do tempo. Independentemente das flutuações do mercado, você continua investindo regularmente, confiando em sua estratégia e objetivos de longo prazo.

Portanto, lembre-se de que a constância é mais importante do que a intensidade quando se trata de investimentos. Cultive o hábito de investir regularmente, independentemente das circunstâncias, e mantenha-se firme em sua estratégia de longo prazo. A constância permitirá que você aproveite os benefícios do crescimento composto e reduza os riscos associados a movimentos intensos e emocionais.

Seja constante, mantenha o foco e persevere em sua jornada de investimento. Com o tempo, você colherá os frutos de seus esforços, alcançando uma maior estabilidade financeira e criando um futuro próspero para si mesmo. A constância é a chave para o sucesso nos investimentos e uma base sólida para a construção de riqueza a longo prazo.

Nem tudo se compra

"É bom ter dinheiro e tudo que o dinheiro pode comprar, mas também é bom, também, fazer um check-up de vez em quando para se certificar de que você não perdeu as coisas que o dinheiro não pode comprar."

O conceito expresso nessa frase é de que ter dinheiro e usufruir dos benefícios materiais que ele proporciona é importante, porém, é igualmente crucial valorizar e preservar as coisas que o dinheiro não pode comprar.

Muitas vezes, nos concentramos tanto em acumular riqueza e alcançar sucesso financeiro que negligenciamos aspectos essenciais da vida que não podem ser adquiridos com dinheiro. Essas coisas incluem relacionamentos afetivos, saúde, felicidade, paz de espírito, tempo com a família e amigos, experiências significativas e bem-estar emocional.

Ao buscar incessantemente a riqueza material, corremos o risco de perder de vista o verdadeiro propósito da vida. Podemos sacrificar nossa saúde, negligenciar relacionamentos importantes e viver em constante estresse e ansiedade, tudo em busca de mais dinheiro. No entanto, chega um momento em que percebemos que essas coisas não podem ser compradas, e a falta delas pode deixar um vazio em nossas vidas.

Por isso, é fundamental fazer um "check-up" periódico, uma avaliação sincera, para garantir que não tenhamos perdido ou negligenciado as coisas valiosas que o dinheiro não pode proporcionar. Esse check-up envolve refletir sobre nossas prioridades, equilibrar nossos esforços financeiros com nossas relações pessoais, saúde e bem-estar emocional, e reavaliar se estamos vivendo uma vida verdadeiramente plena e satisfatória.

Valorizar o que o dinheiro não pode comprar nos lembra da importância de encontrar equilíbrio em nossa busca pela riqueza e sucesso. Significa cultivar relacionamentos saudáveis e significativos, cuidar de nossa saúde física e mental, dedicar tempo a atividades que nos trazem alegria e nos permitem crescer como indivíduos.

Enquanto é bom ter dinheiro e aproveitar os benefícios materiais que ele traz, devemos sempre nos lembrar de que a verdadeira riqueza está nas coisas que não podem ser compradas. Ao fazermos esse check-up regularmente, nos certificamos de que estamos vivendo uma vida equilibrada e significativa, valorizando tanto as conquistas financeiras quanto as preciosidades emocionais que nos trazem verdadeira felicidade e satisfação.

Poupar mais

"Se você almeja ser rico, pense em poupar assim como você pensa em ganhar (dinheiro)."

Esse conceito exprime a importância de poupar e não apenas focar em ganhar dinheiro para alcançar a riqueza. Muitas vezes, quando pensamos em melhorar nossa situação financeira, concentramos nossa atenção em aumentar nossos rendimentos, buscar oportunidades de ganhar mais e buscar fontes adicionais de renda. No entanto, a poupança é um elemento essencial nesse processo.

Poupar significa reservar uma parte do dinheiro que recebemos e não gastá-la imediatamente. É um ato de disciplina financeira que nos permite acumular recursos para o futuro e criar uma base sólida para a construção de riqueza a longo prazo.

O conceito ressalta que, assim como nos empenhamos em ganhar dinheiro, devemos ter a mesma mentalidade e dedicação para poupar. Poupar não deve ser visto como um ato secundário ou opcional, mas como uma estratégia fundamental para alcançar a riqueza e a estabilidade financeira.

Ao pensar em poupar tanto quanto pensamos em ganhar, reconhecemos a importância de controlar nossos gastos, evitar desperdícios e direcionar uma parte do nosso dinheiro para investimentos, economias ou planos de longo prazo. É uma mentalidade que nos lembra de que cada centavo poupado hoje pode se tornar uma fonte de crescimento e segurança financeira no futuro.

Poupar nos permite enfrentar emergências financeiras, realizar projetos e objetivos pessoais, investir em oportunidades lucrativas e alcançar a independência financeira. Além disso, a poupança nos proporciona uma sensação de tranquilidade e liberdade, sabendo que temos uma reserva para enfrentar imprevistos e aproveitar as oportunidades que surgem ao longo do caminho.

Portanto, se almejamos a riqueza, devemos dar a mesma importância à poupança que damos ao ganho de dinheiro. A mentalidade de poupar nos capacita a criar um futuro financeiro sólido, desenvolver hábitos saudáveis de gestão de dinheiro e nos aproximar dos nossos objetivos financeiros. Ao equilibrar o aumento dos nossos rendimentos com uma prática consistente de poupar, estamos construindo as bases para uma vida financeira próspera e estável.

Jamais gaste seu dinheiro antes de você possuí-lo.

Esse conceito enfatiza a importância de ter uma postura responsável em relação ao dinheiro, evitando gastá-lo antes de realmente possuí-lo. É um lembrete poderoso para agir com prudência financeira e evitar cair em armadilhas de dívidas e descontrole financeiro.

Muitas vezes, somos tentados a gastar além de nossos meios, movidos pela expectativa de futuros ganhos ou pela ilusão de que o dinheiro virá facilmente. No entanto, essa mentalidade pode levar a sérias consequências financeiras, como endividamento excessivo, falta de recursos para cobrir despesas básicas e uma vida financeira instável.

Ao gastar dinheiro que ainda não temos, estamos comprometendo recursos que ainda não foram adquiridos.

Estamos antecipando o uso de recursos futuros, correndo o risco de não conseguir cumprir nossos compromissos financeiros ou alcançar nossos objetivos financeiros de longo prazo.

O conceito nos lembra da importância de viver dentro de nossos meios, gastando com base na nossa renda atual e não em expectativas futuras. Significa ter consciência das nossas limitações financeiras e tomar decisões de gastos com base em uma avaliação realista da nossa situação atual.

Ao adotar essa mentalidade, protegemos nossa estabilidade financeira e garantimos a capacidade de lidar com imprevistos e despesas inesperadas. Além disso, evitamos a pressão e o estresse que acompanham a dívida e o desequilíbrio financeiro.

Portanto, é fundamental exercitar a prudência financeira e jamais gastar dinheiro antes de possuí-lo. Isso significa priorizar a construção de uma base financeira sólida, estabelecer um orçamento realista, economizar para atingir metas e evitar o acúmulo desnecessário de dívidas.

Ao adotar essa abordagem, estamos cultivando uma relação saudável com o dinheiro, baseada na responsabilidade e na busca de uma vida financeira estável e equilibrada. Lembre-se: é melhor esperar, poupar e conquistar o que desejamos, do que arriscar nossa estabilidade financeira e nosso bem-estar gastando além das nossas possibilidades.

Conclusão

Ao longo deste material, exploramos diversos conceitos e estratégias que são fundamentais para aqueles que desejam trilhar o caminho da independência financeira. Aprendemos sobre a importância de desenvolver uma mentalidade de investidor desde jovem, buscar educação financeira e encontrar mentores que possam guiar-nos nessa jornada.

Descobrimos a relevância da diversificação dos investimentos, do gerenciamento de riscos e do horizonte de investimento. Aprendemos que a paciência, a constância e o controle emocional são virtudes que devemos cultivar para obter sucesso no mercado financeiro. Compreendemos que o dinheiro deve ser utilizado com sabedoria, evitando gastos impulsivos e antecipados, e priorizando a poupança como base para a construção de riqueza.

Agora, mais do que nunca, é o momento de colocar em prática o conhecimento adquirido. É hora de tomar as rédeas de nossa vida financeira, buscar oportunidades de investimento, planejar para o futuro e trabalhar em direção à liberdade financeira. Cada passo que damos em direção a esse objetivo nos aproxima da realização dos nossos sonhos e nos coloca no controle do nosso próprio destino.

A jornada dos investimentos não é uma corrida de curta distância, mas uma maratona. É preciso perseverança, disciplina e determinação para alcançar resultados significativos ao longo do tempo. Mantenha-se fiel aos seus objetivos, aprenda com os erros, adapte-se às mudanças do mercado e nunca deixe de buscar conhecimento.

Não deixe que as circunstâncias ou o imediatismo lhe tirem a oportunidade de construir uma base sólida de prosperidade.

Aproveite esse conhecimento, assuma o controle da sua vida financeira e caminhe rumo à liberdade e à prosperidade. Você tem o potencial de alcançar grandes conquistas.